学校では教えてくれない大切なこと ⑳

英語が好きになる

マンガ・イラスト 関 和之（WADE）

旺文社

はじめに

テストで100点を取ったらうれしいですね。先生も家族もほめてくれます。

でも、世の中のできごとは学校でのテストとは違って、正解が1つではなかったり、何が正解なのかが決められないことが多いのです。

「私はプレゼントには花が良いと思う」「ぼくは本が良いと思う」。どちらが正解ですか。どちらも正解。そして、どちらも不正解という場合もありますね。

山登りで仲間がケガをして動けない。こんなときは「動ける自分が方位磁石にしたがって下りてみる」「自分もこのまま動かずに救助を待つ」。どちらが正解でしょう。状況によって正解は変わります。命に関わることですから慎重に判断しなくてはなりません。

このように、100点にもなり0点にもなりえる問題が日々あふれているの

が世の中です。そこで自信をもって生きていくには、自分でとことん考え、そのときの自分にとっての正解が何かを判断していく力が必要になります。

本シリーズでは、自分のことや相手のことを知る大切さと、世の中のさまざまな仕組みがマンガで楽しく描かれています。読み終わったときには「考えるって楽しい！」「わかるってうれしい！」と思えるようになっているでしょう。

本書のテーマは「英語が好きになる」です。皆さんの中には、「自分には英語は必要ない」と思っている人がいるかもしれません。けれども、英語を使うことで、いろいろな国の人と仲良くなれたり、将来できる仕事の幅が広がったり、さまざまな可能性を高めることができます。外国語だからといって構えることなく、まずは生活の中にかくれている英語を探すことから始めてみましょう。きっと、「英語を使ってみよう」という気持ちになれるはずです！

旺文社

もくじ

はじめに……2

この本に登場する仲間たち……6

プロローグ……8

1章 英語ってどんなもの？

日本語の中にも英語が…！……14

英語は生活の中にある！……22

英語は誰のためのもの？……30

英語を話す人って？……38

英語がわかると便利！……46

2章 ラクラク英語でコミュニケーション！

英語は難しそう……56

英語を聞くって楽しい！……64

英語を読めるって楽しい！……72

英語を話すって楽しい！……80

大切なのは話したいキモチ！……88

3章 身の回りのもので英語を好きになろう！

行事で英語を使おう！……98

遊園地に行って英語を使おう！……106

買い物に行って英語を使おう！……114

4章 ちがいを知って仲良くなろう！

楽しくホームパーティー……124

いろいろなちがいを認めよう！……132

エピローグ……140

4

COLUMN

Let's Find "English" in Your Conversation
（日常会話の中で「英語」を探そう） ……………………… 20

The English Announcements You Usually Hear
（ふだん耳にする英語のアナウンス） ……………………… 28

Figo's Travels around the World （フィーゴの世界旅行記） ……………………… 36

English-speaking Countries （英語を話す国々） ……………………… 44

They Need English for Their Work （英語を使う仕事） ……………………… 53

Ryu Meets Figo （リュウとフィーゴの出会い） ……………………… 54

The Japanese Words from Foreign Languages （外国語から来た日本語） … 62

Let's Get Used to English （英語に慣れてみよう） ……………………… 70

Amit's TV Show （アミットさんのＴＶショー） ……………………… 78

Let's Watch a Soccer Game on TV （テレビでサッカーの試合を見てみよう） … 86

Gestures Used in Foreign Countries （外国で使われるジェスチャー） ……………………… 95

Chako's Dream （チャコの夢） ……………………… 96

Eigo's Daydream （えいごの妄想） ……………………… 104

Let's Express Your Feeling in English （英語で気持ちを表現しよう） ……………… 112

Let's Tell Someone the Way in English （英語で道案内をしよう） ……………… 120

Grandpa's Young Days （おじいちゃんの青春） ……………………… 122

Taylor's Make Up Lesson （テイラーのメイクアップ講座） ……………… 130

Let's Introduce Yourself in English （英語で自己紹介してみよう） ……………… 138

Let's Ask People Some Questions （相手のことを聞いてみよう） ……………… 139

スタッフ
- 編集　廣瀬由衣
- 編集協力　有限会社マイプラン
- 装丁・本文デザイン　木下春圭　菅野祥恵（株式会社ウエイド）
- 装丁・本文イラスト　関和之（株式会社ウエイド）
- 校正　株式会社ぷれす

※ 本文内のカナ発音は，基本的に『マイスタディ英和辞典』（旺文社）にならっています。
※ 英単語や英文にはカナで読み方がふってありますが，これは英語での発音を必ずしも正確に表したものではありません。英文の場合には，単語と単語がつながって音が変化することもあります。

5

する仲間たち

えいご（下村栄悟）
- ゲームが好きな小学3年生。
- 英語にはまったくの無関心。
- 家ではいつもダラダラして ばかりで，母からよく しかられている。
- ハムスターのリュウと， たまに本気のケンカをする。

チャコ（下村尚子）
- えいごの妹。
- えいごとちがってしっかり者。
- 密かに英語の勉強をしている。

おじいちゃん
- えいごのおじいちゃん。
- コミュニケーション能力が とても高い。
- 男性向けファッション誌を 愛読している。

リュウ
- 下村家で飼われているハムスター。
- まじめで勉強熱心。
- 物腰はいつも丁寧だが， たまに本質をついたするどいことを言う。
- 恋について語ると長くなる。

この本に登場

ジェニー（ジェニファー・アンダーソン）
- 下村家の近所に引っ越してきた外国人の女の子。
- やさしく，純粋な性格。
- いつもはおだやかだが，怒るとこわい。

マイク（マイケル・アンダーソン）
- ジェニーの弟。
- サッカーがとてもうまい。

フィーゴ
- 世界を放浪しているハムスター。
- いろいろな外国語が話せる。
- 一見ワイルドだが，おっちょこちょいな一面も持つ。

背中に秘密が…。

テイラー
- アンダーソン家で飼われているハムスター。
- ズバッとものを言う性格。
- しつこい男がきらい。

1章
英語ってどんなもの？

日本語の中の英語 ゲームで使う英語

英語	日本語	英語	日本語
スタート start	始まる / 始める	ゲット get	手に入れる
レベル level	程度, 水準	アップ up	上へ
データ data	資料, データ	セーブ save	保存する

他にも, **プレイヤー**, **アイテム**, **コントローラー**, **スコア**など, ゲームにはたくさんの英語が使われているんだぜ。

日本語の中の英語　食べ物の名前

日本語の中の英語　身の回りのものの名前

英語は身の回りにもたくさんあるよ。

文房具

ノート（ノートブック）
ノウトブック
notebook

ペン
ペン
pen

ファイル
ふァイる
file

クリップ
クリップ
clip

家具

テーブル
テイブる
table

ソファー
ソウふァ
sofa

ベッド
ベッド
bed

デスク
デスク
desk

パソコン・スマホ

パソコン
（パーソナル
コンピューター）
パ～スヌる　コンピュータァ
personal computer

スマホ
（スマートフォン）
スマートふォウン
smartphone

ファッション

スカート
スカ～ト
skirt

Tシャツ
ティーシャ～ト
T-shirt

ソックス
サ(ー)ックス
socks

ちなみに
「**ファッション**」も
英語だぜ。

18

in Your Conversation

を探そう）

意識しなくてもたくさん英語を使っているんだ。

明後日はファンクラブのトークイベントがあるんだ…。

今週はハードだよ…。今日はレコーディングで明日はライブ。

すと…

新進気鋭のトランペッター
カナト・マサキさん

町のいろいろなところで英語が見つかる！

お店の前で

PASTA はパスタ、PIZZA はピザのことだ。

OPEN は開く、CLOSE は閉まるという意味だ。

バス停で

BUS（バス）が STOP（停まる）という意味でバス停だ。

道路で

FIRE HYDRANT（消火栓）は、消防士が火事を消すために使う水があることを示しているぞ。

町では英語が聞こえてくることもある！

バスや電車の中で

The next stop is Eirakucho.
（次は英楽町です。）

遊園地で

Ladies and gentlemen!
Have a good day!
（みなさん！良い日を！）

デパートで

May I help you?
（おうかがいしましょうか。）

The English Announcements You Usually Hear （ふだん耳にする英語のアナウンス）

 駅のホームで

The train will be arriving at the platform.
（電車がまいります。）

Please stand behind the white line.
（白線の内側までお下がりください。）

 電車の中で

The doors on the left side will open. （左側のドアが開きます。）

Please turn off the mobile phone.
（携帯電話の電源をお切りください。）

デパートのエスカレーターのアナウンス

Please watch your step.
（足元にお気をつけください。）

デパートの店内のアナウンス

Thank you for coming.
（ご来店ありがとうございます。）

If you have lost your child, please come to the service counter.
（迷子をお探しの方はサービスカウンターまでお越しください。）

飛行機の中で

Attention, please.
（ご注目ください。）

Please make sure that your seat belt is fastened.
（シートベルトをお締めください。）

We will be taking off shortly.
（まもなく離陸いたします。）

グローバル化

国と国のへだたりが小さくなること。人やモノが国境をこえて地球規模で活発に行き交うようになっているんです。

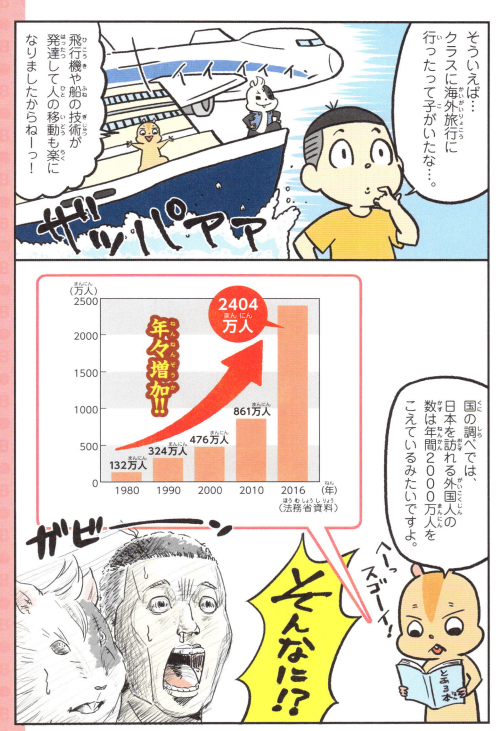

日本と外国のかかわり

外国人と関わる機会は近年急激に増えているんだ！

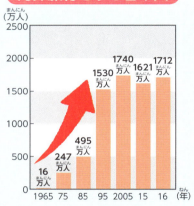

2016年に日本を訪れた外国人の国籍

（法務省資料）

中国や韓国など日本に近い国から来る人が多いようだね。

英語を話す人って？

英語って世界でどれくらい通じるの？

英語が通じる国って，どれくらいあるの？

英語を公用語・準公用語など主な言語とする国は，196か国のうち **64か国！** [※1]

公用語・準公用語 → 国などの中で，公式に使うことが認められている言語。

英語を主な言語とする人は，どれくらいいるの？

世界でおよそ **15億5244万人！** [※2]（2017年現在）

※1,2 世界国勢図会より

English-speaking Countries
（英語を話す国々）

イギリス

「アフタヌーンティーといって、夕方に紅茶と軽食をとる習慣があるわ。」

- 英語発祥の国と言われているよ。
- スポーツが盛んで，フットボール（サッカー）やラグビーなど多くのスポーツの発祥の国とも言われているんだ。

アメリカ合衆国

- イギリスで話されている英語とは，「発音」「つづり」「イントネーション（話すときの調子）」「単語」の一部がちがうんだ。
- ミュージカル，映画，テーマパークなど，エンターテインメントの文化が豊かな国だよ。

オーストラリア

コアラやカンガルーなどの動物が有名だね！

南半球にあるオーストラリアは、北半球にある日本と季節が逆になるよ。

● イギリスの植民地（外国に支配された国や地域）だったことから、英語が使われるようになったんだ。

カナダ

ヘラジカやグリズリーベアなどの動物が有名ですよ！

● イギリス英語とアメリカ英語の要素が入り交じっているよ。フランス語の影響も大きいよ。

シンガポール

シンガポールのシンボル・マーライオンは想像上の生き物で、上半身がライオン、下半身が魚なんだ。

● かつてイギリスの植民地だったことから、イギリス英語をもとにして、マレー語や中国語の要素を混ぜた独特の英語が話されているよ。

インド

民族衣装のサリーは、時間や場所によって色を変えるのよ。

● イギリスの植民地だったインド。国内にたくさんの言語があり、言語のちがう人同士で話すときの共通語として英語が使われているよ。

1章 英語ってどんなもの？

英語がわかると便利！

英語ができると…その❷
英語の授業でかっこよくなれる！の巻

They Need English for Their Work （英語を使う仕事）

英語が話せると，外国人と触れ合う機会が増える！
こんな仕事に英語を生かせるよ！

通訳

翻訳家

英会話教室の先生

ホテルなどの従業員

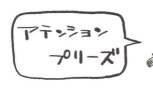
客室乗務員

などです！

Ryu Meets Figo
（リュウとフィーゴの出会い）

2章

ラクラク英語でコミュニケーション！

英語を身につけるために大切なことは英語にふれること！

まずは，身の回りにある英語を意識してみよう。そして，ものの名前やあいさつの言葉，いろいろな表現などを身につけていこう。

1. **英単語にふれる**
2. **英単語を口に出してみる**

このくり返しで英語を身につけていくんだ！

「本」は **book** ですよ。

この **book** は重いなー。

「重い」は **heavy** だ。

この **book** は **heavy** だなー。

意外といけるかも！

そうだ！難しく考えることはないぜ！

英語はそこら中にあふれてますもんね。

あせらず，少しずつ言葉を増やしていこう

英語を学び始めたばかりのきみたちは，言葉を知らない赤ちゃんと同じだ。まずは，ひとつずつ言葉を増やしていくことが大切。

The Japanese Words from Foreign Languages （外国語から来た日本語）

英語の単語をくっつけたりして日本で生まれた言葉を『和製英語』というぞ。一見英語や日本語のようだけど,実は他の国の言葉から変化したものもあるんだ。これらの言葉は日常でたくさん使われているぞ。

和製英語

キャッチボール 英 playing catch

サラリーマン 英 office worker

ガソリンスタンド 英 gas station

ワイシャツ 英 shirt

バーゲン 英 sale

エステ 英 beauty salon

62

いろいろな外国語から生まれた言葉

フランス語由来

ズボン 英 pants

ピーマン 英 green pepper

他にも
- カフェ
- マヨネーズ
- クロワッサン

など…

イタリア語由来

ジャンパー 英 jacket

ドレミファ 英 do re mi fa

他にも
- マカロニ
- オペラ

など…

ポルトガル語由来

パン 英 bread

カッパ 英 rain jacket

他にも
- ビスケット
- ボタン
- ブランコ

など…

オランダ語由来

ランドセル 英 school bag

ビール 英 beer

他にも
- オルゴール
- カバン

など…

わかる言葉からどんな会話かを想像しよう！

I love you.

⬇

愛しているよ。

男の子が女の子に
愛を伝えているところ！

Sorry.

⬇

ごめんなさい。

男の子が女の子に
謝っているところ！

Let's go.

⬇

行こう。

男の子が女の子を
何かにさそっているところ！

Help me!

⬇

助けて！

男の子が女の子に
助けを求めているところ！

2章 ラクラク英語でコミュニケーション！

単語だけでなんとなく相手の気持ちがわかる!?

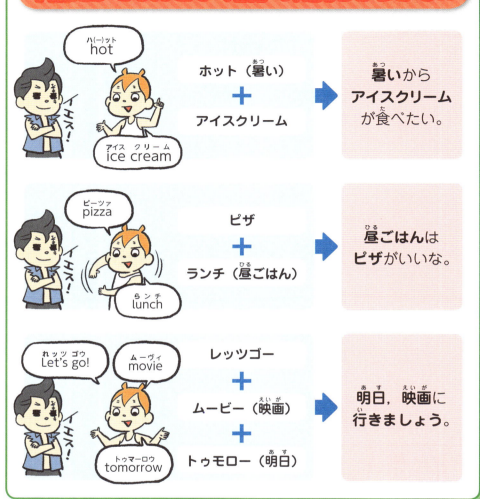

Let's Get Used to English
（英語に慣れてみよう）

いろいろなものから，英語に触れることができますよ！
言葉がわからなくても，映像や音から伝わって
くるものもあります！

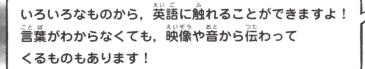

みる！ 外国のアニメ映画をみてみよう！

- 日本語でみたことのあるアニメのセリフは，英語でどう言うのかよく聞いてみよう！
- 知らないアニメも，映像で大体のストーリーがわかる！

 気に入った英語のセリフを真似してみよう！

70

きく！外国の歌をきいてみよう！

- メロディーにのせて、楽しくきける！
- 気になる歌詞、好きなメロディーの所の歌詞を調べてみよう！

音モレには注意！

一緒に英語で歌ってみよう！

読む！絵本を読んでみよう！

- 文がわからなくても、絵から話が想像できる！
- 文章が多すぎないので、読みやすい！

1冊の本をくり返し読んでみよう！

身の回りで… 英語で書かれていることが多いもの

店の看板

お店が「開いている」,「閉まっている」という意味だ。

オープン

ケーキ

コーヒー

CLOSED
クローズド

英語やその一部が店のマークに使われていることも。

本や雑誌の名前

ファッション誌などはアルファベットの名前が多いな。

服に書かれている文字

どちらも同じ「たましい」という意味ですね。

英語になると見た目の感じがぜんぜんちがうねー。

74

ちなみに英語の読み方や意味だけじゃなくて…

日本語を英語にしたら何て言うのかも調べられるんですよ。

辞典を使ってみよう❷

英語の辞典には2種類あるんですよ！

英語が読めないときは…

日本語を英語にしたいときは…

調べた英語をメモしておくと覚えやすいぞ！

Amit's TV Show
（アミットさんのTVショー）

英語をカンペキに話せなくても大丈夫！

全部を英語で伝えなくても，知っている単語とジェスチャーや絵を組み合わせれば伝わりやすいぞ！

ジェスチャー

※国によってはとらえ方が違うので注意！

指さし

絵

絵で伝える場合はある程度，絵がうまくないといけませんね…。

Let's Watch a Soccer Game on TV
（テレビでサッカーの試合を見てみよう）

Do you understand words used during soccer games on TV?
（サッカー中継で使われている言葉がわかりますか？）

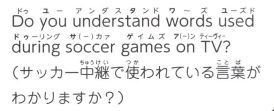

The match kicks off.
（試合開始です。）

That's against the rules.
（ルール違反です。）

外国の人に話しかけてみよう！

困っている人への話しかけ方

Hi. May I help you?
（こんにちは。お手伝いしましょうか。）

Yes, please.
（はい，お願いします。）

他にもこんな表現があるんですね。

困っている人への声かけ

Are you OK? ➡	大丈夫ですか。
What's the matter? ➡	どうかしましたか。
What's wrong? ➡	どうかしましたか。

大事なのは，正しい表現よりも助けたいという気持ちだぞ！

わからないときは、正直にわからないと言って謝ろう。

周りの人に助けを求めてOK!

Gestures Used in Foreign Countries
（外国で使われるジェスチャー）

普段なにげなく使っているしぐさでも，外国人には通じなかったり，国によってちがう意味になったりすることもあるぞ。

国によってちがうしぐさがある！

日本では…
手のひらを下にして手まねき

人を呼ぶとき

アメリカ・イギリスでは…
手のひらを上に

日本ではあまり見ないしぐさがある！

肩をすくめる
手のひらを上に

「困った」「わからない」「おどろいた」などの時に使う。

手のひらを下にしてヒラヒラさせる

良くも悪くもなくまぁまぁかなという時に使う

ジェスチャーで伝えようと思っても，外国人には通じないものもあるので気をつけましょう！

例えば…
バンザイ
まる（○）
など…

2章 ラクラク英語でコミュニケーション！

Chako's Dream
(チャコの夢)

Chako is studying English secretly.
(チャコはひそかに英語を勉強しています。)

What do you want to be in the future?
(あなたは将来何になりたいですか。)

I want to be a...

I want to be an actress.
(女優になりたい。)

I want to be a fashion model.
(ファッションモデルになりたい。)

I want to be a flight attendant.
(客室乗務員になりたい。)

Do your best, Chako!
(がんばれ，チャコ！)

3章 身の回りのもので英語を好きになろう！

欧米からやってきた行事

イースター

イースターは「復活祭」のことで，十字架にかけられて死んだキリストの復活をお祝いする行事。卵のからに模様をつけて遊んだり，卵料理を食べたりする。

クリスマス

キリストの誕生を祝う行事。クリスマスイヴとは「クリスマスの前夜」という意味。現代の日本ではプレゼントをもらったり，ケーキを食べたりすることが多い。

ハロウィーン

くわしくは次のページ

バレンタインデー

女性から男性にチョコをおくるのは日本で広まった習慣で，外国では友だちや家族で花やおかしをおくり合う。

3章 身の回りのもので英語を好きになろう！

ハロウィーン

ハロウィーンはキリスト教の万聖節という行事の前夜祭として10月31日に行われる。家にカボチャをくりぬいたちょうちんを飾ったり、子どもが仮装をして家々をまわり、おかしをもらったりする。

Trick or treat!
（おかしをくれなきゃいたずらしちゃうぞ！）

ハロウィーンのときにはこう言うぞ！

3章 身の回りのもので英語を好きになろう！

遊園地にも英語がいっぱいあるぞ！

自分の気持ちを英語で伝えてみよう！

I'm scared.
（こわいなぁ。）

I'm happy.
（幸せだなぁ。）

I'm hungry.
（おなか空いたなぁ。）

I'm hot.
（暑いなぁ。）

I'm excited.
（わくわくするなぁ。）

I'm sad.
（悲しいなぁ。）

ボクの気持ちを伝えるには…。

レディーファーストとは

主に欧米において，男性が女性を優先する習慣のこと。「ぼくがやるよ。」「お先にどうぞ。」という気持ちを持って，女性に接するんだぜ。

いすを引く

先に女性を通す

荷物を持つ

レディーファーストとはつまりは**思いやりの気持ち**じゃな。

どんな人にもやさしくせんといかんよ

はーい！

Let's Express Your Feeling in English
（英語で気持ちを表現しよう）

こんな単語を言ってみるだけでも，今，自分がどんな気持ちなのかを伝えられるわよ！

気持ちを表す言葉

happy
（うれしい）

sad
（悲しい）

angry
（怒った）

excited
（わくわくした）

lonely
（さびしい）

scared
（おびえた）

surprised
（びっくりした）

などです！

状態を表す言葉

ハ(ー)ット
hot
（暑い）

コウるド
cold
（寒い）

スリーピィ
sleepy
（眠い）

タイアド
tired
（疲れた）

ノイズィ
noisy
（うるさい）

ふる
full
（おなかがいっぱいで）

ウェる
well
（健康で）

スィック
sick
（病気で）

ワ〜リッド
worried
（心配そうな）

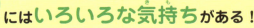

Wow! にはいろいろな気持ちがある！

 Wow! → 日本語の「わあ！」などと同じように、おどろいた時や喜んだ時など、さまざまな感情の時の表現に使うぞ。

語を知っておくといいよ！

お店の人が使う英語

メイ アイ へるプ ユー
May I help you?
（お手伝いすることはありますか。）

ハウ メニィ ハムスタァ (フ)ウィーるズ ドゥ ユー ワ(ー)ント
How many hamster wheels do you want?
（回し車はいくついりますか？）

(フ)ワット カらァ アー ユー るッキング ふォー
What color are you looking for?
（何色をお探しですか？）

ハウ アバウト ずィス ワン
How about this one?
（こちらはどうでしょう？）

116

買い物をするときは、こんな英

お店の人に使える英語

I'll take this.
（これください。）

Excuse me.
（すみません。）

Do you have a pink one?
（ピンク色のはありますか？）

How much is this?
（これはいくらですか？）

Let's Tell Someone the Way in English
（英語で道案内をしよう）

道に迷っている外国人を助けてあげたいんだけど…。コンビニに行きたいらしんだ。

私に任せて！

❷ **Go straight.**（まっすぐ行って。）

❸ **Turn left.**（左に曲がって。）

❶ **We are here.**（ここにいるよ。）

❹ **Pass the railroad crossing.**（ふみきりをこえて。）

❻ **It's on your right.**（君の右側にあるよ。）

❺ **Turn right at the next corner.**（次の曲がり角を右へ。）

120

こんな言葉も知っていると便利だよ。

 It takes five minutes.
⬇
5分かかるよ。

 It's next to the bank.
⬇
銀行のとなりにあるよ。

目印になるもの

station（駅）

traffic lights（信号機）

crossing（横断歩道）
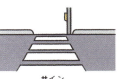

corner（曲がり角）
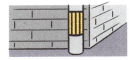

intersection（交差点）

sign（看板）
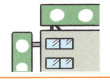

わからないときはどうすればいいんだろう…。

Sorry, I don't know.

⬇
ごめん，知らないんだ。

こう言えばいいわよ。

4章 ちがいを知って仲良くなろう！

世界のあいさついろいろ

日本ではおじぎが一般的だけど、世界にはいろいろなあいさつがあるぞ。

握手

世界的に交わされるあいさつ。

合掌

インドやネパールなどで交わされるあいさつ。軽くおじぎをするよ。

ハグ

欧米を中心とした親しい人同士のあいさつ。

チークキス

ほおとほおを合わせる、ヨーロッパで多く見られるあいさつ。

あいさつの形はちがっても、相手への敬意を表すという点では万国共通ですね。

4章 ちがいを知って仲良くなろう！

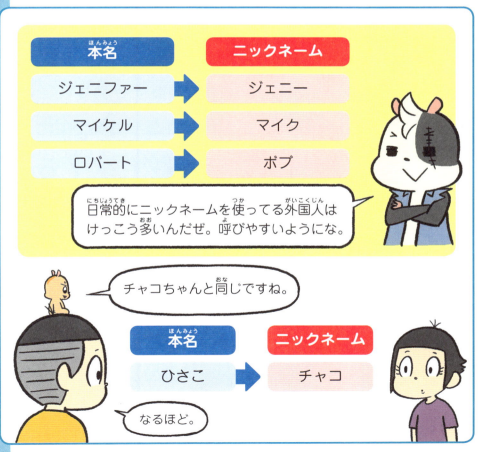

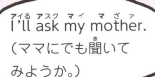

いろいろな国の人と仲良くなるために…

世界には，言葉や考え方，生活の環境がちがう人がたくさんいるぞ。

いろいろなちがいがある！

もちろん言語とか…

でもみーんな同じ人間じゃ！

大切なのはおたがいのちがいを受け入れて，心と心でふれ合うことじゃ！

4章 ちがいを知って仲良くなろう！

いろいろな国の食の文化や習慣

食事の文化も国によってさまざまじゃ。

「いただきます」の代わりにお祈りをする。

宗教上の理由で牛肉や豚肉，お酒などを口にしない。

1か月もの間，日中は食べ物や飲み物を口にしない習慣をもつ人たちもいるそうじゃ。

自分たちの文化や習慣をおしつけたりしつこくすすめたりせず，一緒に理解しようとすることが大切なんだね。

Let's Introduce Yourself in English
（英語で自己紹介してみよう）

仲良くなるために，まずは自分のことを知ってもらいましょう！

❶ まずはあいさつ！
Hello.　（こんにちは。）

❷ 名前を言おう！
I am Hisako.　（私はひさこです。）

❸ ニックネームを伝えよう！
Please call me Chako.　（チャコって呼んでね。）

❹ 年れいを言ってみよう！
I am seven years old.　（私は7さいです。）

❺ 好きなことを言ってみよう！
I like cooking.　（私は料理が好きです。）

他にも
I am from ...
（私は…（の）出身です。）
My hobby is ...
（私の趣味は…です。）
などがあるぞ。

Let's Ask People Some Questions
（相手のことを聞いてみよう）

自分のことを紹介できたら，
次は相手のことも聞いてみるんだ！

❶ まずはあいさつ！

How are you?　（元気ですか？）

I'm fine, thank you.　（元気だよ，ありがとう。）

❷ 趣味を聞いてみよう！

What is your hobby?　（あなたの趣味はなんですか？）

My hobby is playing soccer.
（ぼくの趣味はサッカーをすることだよ。）

How about you?　（きみはどう？）

I like watching soccer.
（私はサッカーを見るのが好きよ。）

Nice!　（いいね！）

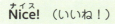

4章 ちがいを知って仲良くなろう！